PILGRIMS AND EXILES

Leaving the Church of England
in the Age of the Mayflower

올해2020년는 메이플라워호가 1620년에 대서양을 가로질러 항해한 지 400주년 되는 해입니다. 이 배에는 이민자 102명이 타고 있었고, 그중 절반은 네덜란드 공국 라이덴Dutch Republic, Leiden에서 망명 생활을 한 잉글랜드 분리주의자들이었습니다. '이방인들'도 이들과 함께했고, 그중 일부는 식민지 설립을 위해 고용된 기술자들이었습니다. 승객 중에는 분리주의 회중의 설교 장로인 윌리엄 브루스터William Brewster 가족이 있었습니다. 그의 두 아들은 레슬링Wrestling, 분투과 러브Love, 사랑였습니다. 브루스터에게 그리스도인의 삶은 사랑하나님과 이웃에 대한과 분투천사나 사람 누구와든 모두 함께 가는 것이었습니다. 여행 중 순례자 하나가 배 밖으로 떨어졌다가 구조되는 일이 있었습니다. '이방인들' 중 하나가 내던져진 적도 있는데, 이는 그가 "오만하고 매우 세속적인 젊은이"여서 그랬다는 말이 있습니다. 그렇게 그가 죽었음에도 신세계에 도착한 인원은 출발 인원과 같았습니다. 항해 중 한 아이가 태어났기 때문입니다. 그 아이의 이름은 오케아누스Oceanus였습니다.[1]

안타깝게도 메이플라워호는 계획이 두 번이나 실패하고 난 9월에서야 어렵사리 출항할 수 있었고, 대서양을 건너면서 계절은 가을에서 겨울로 바뀌었습니다. 배가 항로에서 이탈하여 두 달을 바다에서 보냈고, 11월에 이르러 이들은 케이프코드Cape Cod에 도착할

---

[1] 오케아노스는 그리스 신화에 나오는 대양의 신(역자 주); 여정에 대한 자세한 이야기는 다음 자료 참고. Nathaniel Philbrick, *Mayflower: A Story of Courage, Community, and War* (New York: Penguin, 2006).

수 있었습니다. 몇 달에 걸쳐 혹독한 시간을 보내고 나자 이주민 수는 반이 되었습니다. 1621년이 되어서야 정착 생활이 가능하게 되었는데, 이는 토착민인 왐파노아그인들Wampanoag과 영어를 할 줄 알았던 원주민 티스콴텀Tisquantum, 혹은 스콴토Squanto 덕이었습니다. 티스콴텀은 1614년에 잉글랜드 선원들에게 납치된 적이 있었고, 이후 런던, 스페인, 뉴펀드랜드를 거쳐 고향으로 돌아왔습니다. 잉글랜드인들과 왐파노아그인 간 동맹을 축하하는 축제가 열렸고, 이는 19세기 후반부터 미국인들이 추수감사절이라는 명절을 지키는 데 영향을 끼치게 됩니다.

스크루비Scrooby에서 라이덴을 거쳐 아메리카에 이르는 플리머스Plymouth 정착민의 당대 역사를 이들 중 하나였던 윌리엄 브래드퍼드William Bradford가 탁월하게 기록해 놓았습니다. 그는 이주민들이 느낀 상륙의 기쁨을 다음과 같이 묘사하고 있습니다.

> 이리하여 훌륭한 항구에 무사히 도착한 이들은 무릎을 꿇고서 광활하고 사나운 바다 건너로 데려다주시고 위험과 사고에서 구해 주셔서, 다시금 그들이 몸 붙여 살 수 있는 굳건하고 안전한 땅, 이들이 있어야 할 곳에 발을 디디게 하신 하늘의 하나님을 찬양했다.[2]

저는 이 역사적 사건을 아동 서적으로 처음 접했습니다. 1975년쯤이었던 것 같은데요. 제 어머니께서는 저를 동네 책방에 자주 데려가셔서 레이디버드 출판사의 **역사 탐험** 시리즈를 골라 보게 하셨습니다. 저는 율리우스 카이사르, 알프레드 대왕, 크리스토퍼 콜럼

---

[2] William Bradford, *Of Plymouth Plantation* (New York: Random House, 1981), 69.

버스, 올리버 크롬웰, 나폴레옹과 같은 책들을 읽었습니다. 여섯 살 무렵에 이미 저는 확실하게 진로를 정했습니다. 유능한 군 지휘관이 될 수는 없을 것 같았기에 저는 역사가가 되었습니다. 역사에 남지 못하는 사람들이 적어도 역사를 쓸 수는 있는 법이지요. 기억하기로 저는 레이디버드의 최신 서적 중 필그림 파더스[3] 이야기에 빠지게 되었습니다. 특히 저는 서부 평원 인디언 복장을 하고 있는 잘못 그려 놓은 아메리카 원주민들이 활을 쏘거나 축제를 벌이고 있는 그림이 좋았습니다.[4]

그 레이디버드 책이 발행된 지 반 세기가 지난 지금 아메리카 식민지와 그곳 원주민들에 대한 우리 인식은 바뀌었습니다. 데이비드 실버만 David Silverman의 훌륭한 연구 덕에 지금 우리는 뉴잉글랜드 설립을 원주민 입장에서 바라볼 수 있게 되었습니다.[5] 역사가들은 메이플라워호와 이주민들의 감동적인 설화 대신, 수많은 토착민들이 죽어 황폐해진 뉴잉글랜드 점령지의 비극을 이야기합니다 1616-19. 티스콴텀이 유럽 여행을 마치고 고향으로 돌아왔을 때 메이플라워호가 도착하기 직전 그곳은 유럽에서 들어온 역병이 휩쓸고 지나간 터라 텅 비고 적막한 모습이었습니다. 이것이 유럽인들의 탐험과 식민지 지배의 어두운 이면입니다.

한 해 전인 1619년에는 다른 배 한 척이 20-30명 정도 되는 아프

---

3 1620년에 플리머스에 정착한 이주민들을 일컫는 말로, Pilgrim Fathers는 순례시조 정도로 번역될 수 있겠으나 우리나라에서는 보통 음차하여 사용한다(역자 주).
4 L. Du Garde Peach, *The Pilgrim Fathers* (Loughborough: Wills and Hepworth, 1972).
5 David Silverman, *This Land is Their Land: The Wampanoag Indians, Plymouth Colony and the Troubled History of Thanksgiving* (New York: Bloomsbury, 2020).

리카 노예를 태우고 버지니아Virginia에 도착했습니다. 뉴욕타임스 New York Times의 '1619 프로젝트'The 1619 Project는 잉글랜드 식민지에 첫 번째 노예선이 도착한 이 때를 "진정한 건국일, 본질적인 모순이 이 세계에 처음 발을 들인 순간"이라고 표현했습니다.[6] 이러한 아메리카 역사 이야기, 즉 아메리카는 원주민에게서 훔친 땅 위에 아프리카 노예 노동력으로 세워졌다는 관점은 격렬한 논쟁을 불러일으켰고, 메이플라워호와 첫 번째 추수감사절이라는 아름다운 그림에 그림자를 드리웠습니다.

그러나 저는 이 강의에서 잉글랜드와 네덜란드 공국, 그리고 메이플라워호 이전 십여 년, 곧 이들이 후세대에 남긴 종교적 발전이 있던 시기에 주목하려 합니다. 대서양을 횡단한 필그림 이주는 앞서 있는 영적인 이주의 결과였습니다. 이들은 유럽을 떠나기 전에 잉글랜드 교회를 먼저 떠났습니다. 잉글랜드 이스트미들랜즈East Midlands에서 박해를 받은 분리주의자들은 아메리카 대륙으로 떠나기 전에 먼저 개신교국인 네덜란드로 피신했습니다. 제임스 1세 재위 기간에는 이런 일이 흔하지 않았지만, 이어지는 두 세대에 걸쳐 이 영적 순례를 떠나고자 하는 이들은 수백 수천이 되었습니다. 17세기에는 시작부터 이미 포괄적인 국가 교회 제도가 자리잡고 있었고, 국교가 아닌 개신교 분리주의자들은 극소수였습니다. 그러나 결국 이 시기는 잉글랜드에서 개신교 분파를 인정하는 관용법 Act of Toleration으로 막을 내립니다. 분리파는 각기 다른 2,000여 회중으로 나뉘어 모였고, 장로교, 회중교회, 침례교, 퀘이커 등으로 구성되어 잉글랜드 인구 5% 이상을 차지했습니다. 이 영적 이주의 기원을 이해하기 위해서는 먼저 제임스 1세 재위 기간 동안 있던

---

6 pulitzercenter.org/sites/default/files/full_issue_of_the_1619_project.pdf.

필그림들과 망명자들에 대해 알아야 합니다.[7]

스코틀랜드 메리 여왕의 아들이자 스코틀랜드 칼빈주의에 익숙했던 제임스 1세가 1603년에 잉글랜드 왕위에 오르려 할 때 그는 가톨릭과 청교도 모두의 기대를 한 몸에 받았습니다. 곧 양측 모두 실망하게 될 것이지만 말입니다. 제임스 1세가 이어받은 교회는 엘리자베스 여왕의 종교 정책크랜머Cranmer의 공동기도서Book of Common Prayer, 국왕수위권Royal Supremacy, 39개 신조Thirty-nine Articles을 바탕으로 세워졌습니다. 엘리자베스 여왕의 개신교 정권은 가톨릭 국가인 스페인의 위협을 이겨냈고 잉글랜드는 명실상부 개신교 국가가 되었습니다. 그런데 엘리자베스 여왕의 정책은 그 모호성이 핵심이었습니다. 그 정책이 매듭지은 것은 아무것도, 혹은 별로 없다고 하는 것조차 하나 마나 한 소리입니다. 그리고 교회나 국가 내부적으로 더욱 철저히 개혁하려는 강력한 움직임이 있었습니다. 1560년대부터 사람들은 '청교도들', 즉 교회 안에 있는 열정적인 개신교도들을 입에 올리기 시작했습니다. 이 열정적인

---

7 17세기 청교도주의와 비국교 분리주의에 대한 간략한 소개로는 다음 자료 참고. John Coffey and Paul Lim (eds.), *The Cambridge Companion to Puritanism* (Cambridge: Cambridge University Press, 2008); John Coffey (ed.), *The Oxford History of Protestant Dissenting Traditions, vol. I: The Post-Reformation* (Oxford: Oxford University Press, 2020). 단일 저자 저서로는 다음 자료 참고. Michael Winship, *Hot Protestants: A History of Puritanism in England and America* (New Haven: Yale University Press, 2018); David D. Hall, *The Puritans: A Transatlantic History* (Princeton: Princeton University Press, 2019). 오래되었지만 필수적인 다음 자료 참고. Michael Watts, *The Dissenters: From the Reformation to the French Revolution* (Oxford: Oxford University Press, 1978).

부류 중 일부는 교회 예배를 개혁해야 한다고 주장하는 한편 강경파장로교인들는 교회 체제 정비를 요구했습니다. 소수 분리주의자들은 국가 교회를 거짓 교회이자 두 번째 바빌론으로 규탄하며 절연해 버렸습니다. 1580년대에는 장로교 운동에 제동이 걸렸으며, 1590년대에는 더욱 심한 억압 정책이 분리주의자들을 강타했습니다. 여러 지도자가 선동 혐의로 처형되었습니다.[8] 청교도들은 '실천적 경건' 전통을 형성하며 설교와 성도들의 경건 생활에 힘을 쏟았습니다. 그 결과 수많은 대중 서적들이 발간되고, 이 중 다수가 네덜란드어와 독일어로 번역이 됩니다.[9]

1603년에 제임스 1세는 본인 생각에 스코틀랜드 교회보다 훨씬 질서 잡힌 교회를 수립합니다. 그간 제임스는 스코틀랜드에서 공격적인 장로교인들에게 잔소리를 들으며 애를 먹어 왔던 터였습니다. 극소수를 제외한 인구 대다수가 교구 교회 안에서 예배를 드렸고, 제임스 1세는 전임자들처럼 가톨릭 저항 세력과 개신교 분리주의자들 모두를 엄중히 단속하기로 했습니다. 청교도 지도자들은 1603년에 천인청원Millenary Petition을 통해 그에게 교회 예전 개혁을 요구했고, 제임스 1세는 1604년 햄프턴코트 회의Hampton Court Conference에서 그들을 만났습니다. 그런데 이를 계기로 흠정역킹제임스 성경, KJV이 발간되기는 하였으나, 이와 더불어 성직자들의 의무 이행을 강화하고, 39개 신조, 국왕수위권, 그리고 공동기도서 엄격 준수를 규정하는 141가지 새로운 법혹은 규칙 또한 생겼습니다. 이 일을 발단으로 가장 큰 청교도 축출이 있게 되었고, 많은 목회자들이 교구 목사직을 박탈당하게 되었습니다. 80여 명 되

---

8   이 주제에 관해서는 다음을 참고. Patrick Collinson, *The Elizabethan Puritan Movement* (London, 1967).
9   다음 참고. Hall, *The Puritans*, chapter 4.

는 목회자가 이 정책에 순응하지 않았다는 이유로 성직록에서 삭제된 것입니다. 그런데도 극소수 청교도들은 분리주의 형제들처럼 국가 교회를 포기하고자 했습니다. 국가 교회의 네 가지 특징을 살피면 그 이유를 알 수 있습니다.

첫째, 교리에 있어서 잉글랜드 교회는 분명 개혁 교회였습니다. 대륙에서는 루터파, 개혁파, 로마 가톨릭 신학자들이 이 점에 동의했습니다. 39개 신조는 프랑스나 벨기에 신앙고백서보다 덜 발전하기는 하였으나, 그래도 분명 교리에 있어 루터파보다는 칼빈주의에 가까운 개혁주의 신앙고백이었습니다.[10] 네덜란드 교회가 1610년에 아르미니우스주의 관련 논쟁으로 골머리를 앓고 있을 때, 제임스 1세는 예정과 견인 교리에 관하여 개혁주의 입장에 선다는 의미로 잉글랜드 대표단을 도르트 회의 Synod of Dort에 파견했습니다. 소수 신학자들이 예정과 견인에 관한 개혁주의적 가르침에 의문을 품기는 했습니다만, 대체로 이 가르침들은 어거스틴주의 궤적 안에 있는 것들이었습니다. 급진파는 신학에 있어 개혁가들보다는 교부들에게 더 무게를 두었으나, 그래도 1618년까지 무게 중심은 개혁파 정통주의에 있었습니다.[11]

둘째, 많은 청교도들이 국가 교회의 감독제를 찬성하고 있었습니다. 이 때문에 여러 주교들이 교리에 있어 충실한 칼빈주의자로

---

10 다음 자료 참고. Stephen Hampton, 'Confessional Identity', in Anthony Milton (ed.), *The Oxford History of Anglicanism, vol. I: Reformation and Identity, c. 1520-1660* (Oxford: Oxford University Press, 2017), chapter11.
11 다음 자료 참고. Jean-Louis Quantin, *The Church of England and Christian Antiquity: The Construction of a Confessional Identity in the Seventeenth Century* (Oxford, 2009).

서 청교도적 실천을 견지할 수 있었습니다.[12] 1610년까지 캔터베리 대주교였던 리처드 밴크로프트Richard Bancroft 또한 국교 강경파였으나 신학에 있어서는 확고한 개혁파였습니다. 그의 후임으로서 남은 제임스 1세 재위 기간 동안 대주교를 지낸 조지 애버트George Abbot는 국교파 칼빈주의자들과 온건파 청교도들끼리 강력한 연합을 맺기를 권했습니다. 아일랜드 교회에서는 어셔Ussher 대주교가 청교도에 대해 훨씬 우호적이었고, 1615년 **아일랜드 신조**Irish Articles of Religion는 택자의 견인과 확신을 인정하고, 세례 예식으로 말미암는 중생을 거부하는 등 39개조 신조보다 단연코 칼빈주의적이었습니다. 국교를 비호하는 이들 중 일부는 청교도이던 조지 다우네임George Downame을 포함하여 신이 정하신 제도라며 감독제를 옹호했고, 어떤 이들은 유럽 개혁교회와 다른 방식으로 국가 교회를 재정비하고자 했습니다. 그러나 잉글랜드의 주요 신학자 대부분은 개혁주의 성향을 드러냈고, 개혁주의자들은 덜 이상적일지언정 감독제를 교회 정체에 적합한 것으로 인정했습니다. 잉글랜드 스튜어트 왕조 초기 청교도 중에서는 국가 교회를 장로교식으로 개혁하려는 특별한 움직임은 보이지 않았습니다.

셋째, 예식에 관한 사안이 더욱 문젯거리였습니다. 1560년대에 의복 논쟁이 있은 후 많은 청교도 성직자들이 중백의 착용을 반대했고, 이들은 공동기도서에 있는 특정 요소들을 꺼려했습니다. 즉 세례식에서 성호를 긋는 것, 결혼 반지, 예수 이름에 절함, 성찬식 때 무릎 꿇기 등으로 대표되는 의식들에 대해서 말입니다. 1604년 이후 국교 강제로 많은 청교도 목회자들이 관련 법망에 걸려들었습니다. 곧 살피게 되겠지만, 어떤 이들은 잠시 수감되기도 하였

---

12 다음 자료 참고. Kenneth Fincham, *Prelate as Pastor: The Episcopate of James I* (Oxford: Clarendon Press, 1990).

고 어떤 이들은 네덜란드로 망명하기도 하였습니다. 그러나 목회자들에 대한 국교 강제 집행은 일괄적이지 못했습니다. 어떤 주교들은 열렬한 국교파로서 청교도 목회자에 대한 시찰권을 행사하였던 반면에, 어떤 이들은 예전을 따르기보다는 경건한 설교에 가치를 두고 이들을 눈감아 주었습니다. 비국교파 목회자들은 교구 성직록에서 배제되었기 때문에 이제 이들에게는 강사나 경건한 가정의 목회자로 활동할 기회가 늘어났습니다.[13]

마지막으로, 잉글랜드 청교도들은 교회 치리 문제를 두고 국경 북단의 스코틀랜드 교회를 동경하며 바라보았습니다. 그곳 스코틀랜드 장로 협의체들은 회개 예식을 통해 불경건한 교인들을 적극적으로 권징했습니다.[14] 그러나 분리주의자들이 참된 교회란 경건한 교인들로만 구성되어야 한다고 주장한 데 반해, 대다수 청교도들은 이것을 도나투스파적 오류로 보는 어거스틴 노선을 따랐습니다. 즉 참교회는 늘 현실적으로 여러 부류의 사람들이 뒤섞인 채 존재해 왔다는 것입니다. 따라서 성만찬의 경우에는 문제 있는 회원을 배제하는 식으로 제한을 두어야 하지만, 교구 교회들로서는 모든 이들을 수용해야 한다는 입장이었습니다. 청교도들은 교구 안에 효과적인 권징책이 없음에 가슴 아파하면서, 동시에 몇몇 지역을 경건함의 표본으로 만들기 시작했습니다. 도체스터Dorchester가 대표적인 예입니다.[15]

---

13 다음 자료 참고. Paul Seaver, *The Puritan Lectureships* (Stanford: Stanford University Press, 1970); J.T. Cliffe, *The Puritan Gentry: The Great Puritan Families of Early Stuart England* (London: Routledge, 1984).
14 스코틀랜드 교회 권징에 대해 다룬 탁월한 역사서인 다음 자료 참고. Margo Todd, *The Culture of Protestantism in Early Modern Scotland* (New Haven: Yale University Press, 2002).
15 다음 자료 참고. David Underdown, *Fire from Heaven: Life in an English*

이렇게 청교도들이 국가 교회를 그 정체, 예전, 권징에 있어 '반만 개혁된' 것으로 여겼으나, 소수를 제외한 모두에게 그 교회는 진정한 교회였습니다. 그 교회는 참된 교회의 두 가지 특징을 지녔습니다. 즉 말씀을 충실히 선포하고 성례를 올바르게 집전한다. 물론 아나뱁티스트Anabaptist나 마틴 부처Martin Bucer를 따르는 소수 개혁주의 신학자들이 세 번째 표징으로 여긴 권징이 결여되어 있기는 했습니다.[16] 이런 참된 교회를 거스르는 것은 파당을 형성하는 죄를 짓는 일이었습니다.

우리가 '온건 청교도'라 부르는 성직자들은 국가 교회에 남았을 뿐만 아니라 그 중심부 주변에서 활동했습니다.[17] 1600년 경에 청교도의 실천적 신학을 구현한 가장 대표적 인물인 윌리엄 퍼킨스William Perkins도 단연코 유럽에서 가장 잘 알려진 잉글랜드 교회 신학자였습니다. 루터교도들이나 칼빈주의자들은 리처드 후커Richard Hooker의 책은 읽지 않았습니다. 그의 책은 내수용으로 남았습니다. 그러나 그러한 그들이 퍼킨스 책은 읽었습니다. 그런데 퍼킨스는 비국교도도 장로교인도 아니었습니다. 실로 어떤 학자들 눈에 그는 청교도라고 부를 수도 없을 만큼 전형적인 국가 교회의

    Town in the Seventeenth Century (New Haven: Yale University Press, 1994).
16 다음 자료 참고. Timothy Fulop, 'The Third Mark of the Church? Church Discipline in the Reformed and Anabaptist Traditions', *Journal of Religious History*, 19 (1995).
17 이 분야의 필수 자료. Peter Lake, *Moderate Puritans and the Elizabethan Church* (Cambridge: Cambridge University Press, 1982).

일원이었습니다.[18] 그러나 그는 케임브리지 대학을 중심으로 한 신우회와 연이 깊었습니다. 청교도 성직자들은 그 대학 공동체, 특히 대표적인 청교도 신학부이자 초기 뉴잉글랜드 목회자를 많이 배출한 에마뉘엘 칼리지에서 안전하게 자리잡을 수 있었습니다.[19] 이 칼리지 초대 학장인 로렌스 채더튼Laurence Chaderton은 햄프턴코트 회의에 참석했고, 그는 예전에 대해 노골적으로 실용적이었습니다. 그는 이렇게 말했습니다. "우리는 복음을 설교함으로써 자유를 얻기 위해 그것들을 사용할 수도, 사용해야 할 수도 있다."[20] 에마뉘엘 칼리지 신학부 교수들은 엘리자베스 재위 기간에 중백의를 입지 않았습니다. 그러나 1604년 이후 채더튼은 세례 시에 성호를 긋는 데까지는 동의하지 않았지만, 중백의 착용에는 동의했습니다. 그의 후임인 존 프레스턴John Preston은 버킹엄 백작의 후원으로 찰스 왕자의 가정 목사로 일했습니다. 이러한 인물들은 신앙심 깊은 귀족들이나 상류층과 연이 깊었습니다. 국교파 청교도들로서 이들은 교회 지도부와 마찰을 피했습니다. 예전 문제에 있어서는 최소한으로 양보하고, 마지못해나마 성경에서 명시하지 않은 '비본질적인 것들'adiaphora을 정할 수 있는 왕의 권위를 인정한 것입니다.

한편 청교도 중에는 비국교도로 특징지어지게 되는 이들이 있었습니다. 이들 중 일부는 법이 바뀌어서 그렇게 되기도 했습니다. 청

---

18 다음 자료 참고. W. B. Patterson, *William Perkins and the Making of a Protestant England* (Oxford: Oxford University Press, 2014). 다음도 참고. J. I. Packer, *An Anglican to Remember: William Perkins, Puritan Popularizer* (St Antholin's Lecture, 1996).

19 권위 있는 연구서로는 다음 참고. Patrick Collinson, 'Puritan Emmanuel', in Sarah Bendall, Christopher Brooke and Patrick Collinson, eds, *A History of Emmanuel College, Cambridge* (Woodbridge: Boydell, 1999).

20 Hall, *The Puritans*, 184에서 재인용.

교도식 '체셔 캣'Cheshire cat 이론에 따르면, 이것은 관찰자에 따라 있기도 하고 없기도 한 것입니다. 1604년의 교회법령을 강제하지 않은 요크셔Yorkshire 대주교 매튜 허튼Matthew Hutton이 개혁주의 성향의 경건한 설교가들을 존중하며 비국교 용인 정책을 펼쳤습니다. 이와 달리 국교 강제 기조를 띤 주교 관할권에 들어가게 된 명망 있던 성직자는 갑자기 '청교도' 혹은 '깐깐한 사람'으로 낙인찍힐 수도 있었습니다. 그러나 더 문제인 것은, 감독 정체 안에 '차이'를 넘어서는 문제가 있었다는 것입니다. 어떤 청교도들은 양심상 타협하지 못했던 관계로 어려움에 빠졌습니다. 이들은 예식을 '비본질적인 것들'로 바라보던 형제들과는 조금 달랐습니다. 이들은 엄격한 원칙에 따라, 신약 성경에서 규정한 것 이상으로 예식이나 의무 조항들을 강제하려는 권력자들의 권위에 도전했습니다. 이들은 국교 안의 개혁되지 않은 예식들을 로마 가톨릭의 잔재로 여겼습니다. 십계명 제2계명을 언급하면서 이들은 "모든 우상 숭배 의식과 수단"을 폐지하라고 요구했습니다.[21] 국교파 청교도들은 가장 깐깐한 비국교도들을 '약한 형제들'로 여겼습니다. 이는 사도 바울이 로마서 14장에서 언급한 우상에게 바친 고기를 먹지 않는 약한 신자들에 빗댄 것입니다. 지나치게 엄격하다고 해서 그 약한 형제들이 처벌받아야 하는 것은 아니지만, 실제로는 많은 청교도들이 국교에 순응하지 않아서 정직이나 박탈 처분을 받았습니다.

대표적인 예가 바로 아서 힐더샴Arthur Hildersham입니다. 그는 애쉬비드라주쉬Ashby-de-la-Zouch의 교구 목사였으나 정직을 당한 후 1604년 교회법령1604 Canon Law을 준수하지 않아 교구 목사직을 박탈당했습니다. 최근 그의 전기 작가는 그의 '평소 권위에 순

---

21   Hall, *The Puritans*, 173에서 재인용.

응적이던 태도'를 언급하며 어떻게 해서 그가 링컨 교구에서 국교 강제령을 위반하게 되었는지 설명하고 있습니다.[22] 목사직을 박탈당한 후에도 힐더샴은 코벤트리Coventry와 리치필드Lichfield 주교에게서 받은 설교 자격증 덕에 더비셔Derbyshire에서 설교할 수 있었으며, 잉글랜드 주요 청교도 귀족 중 하나인 헌팅던Huntingdon 백작의 후원을 계속해서 받을 수 있었습니다. 그러나 1613년에 고등판무단High Commission이 설교하고 가르치는 면허마저 무효로 만들었습니다. 2년 후에는 성찬식에서 무릎을 꿇지 않았다는 이유로 교구민 100여 명과 함께 주교에게 소환되었습니다. 직무 서약을 거절하자 석 달 동안 구금되기도 하였고, 이후에는 한 후원자 집에 숨어 지내게 되었습니다. 힐더샴은 지역 사회에서 명망이 있었으며 청교도 목회자들이나 그들의 후원자들과 좋은 관계를 유지했습니다. 그렇지만 그는 결국 기소되었습니다.

압박이 심해지면서 일부 비국교 목사들은 이주를 고려하게 되었습니다. 헨리 8세 시기 복음주의자들이나 메리 여왕 치하 망명자들부터 엘리자베스 여왕 재임 기간의 장로교도들이나 분리파에 이르기까지, 망명은 오랫동안 비국교 목사들에게 선택지 중 하나로 남아 있었습니다.[23] 17세기 초반에 네덜란드 공국은 이들이 가장 선

---

22 Lesley A. Rowe, *The Life and Times of Arthur Hildersham: Prince among Puritans* (Grand Rapids: Reformation Heritage Books, 2013), 88.
23 John Coffey, 'Exile and Return in Anglo-American Puritanism', in Yosef Kaplan (ed.), *Early Modern Ethnic and Religious Communities in Exile* (Cambridge: Cambridge Scholars Press, 2017).

호하는 피난처로 떠올랐습니다. 개혁교회가 국교이며 종교적 외부인들에 대한 관용 정책을 편다는 두 가지 이유 때문이었는데, 사실상 가톨릭, 메노나이트, 유대인까지 모두 용인되었습니다. 암스테르담에서 존 파제트John Paget는 잉글랜드 개혁교회 목회자가 되었습니다. 그 회중은 이민자들로 구성된 네덜란드 개혁교회 소속이었고, 따라서 장로교 체제였습니다. 폴리 하Polly Ha에 따르면 파제트와 그의 회중은 스튜어트 왕조 초기 힘든 시기에 잉글랜드 장로교가 명맥을 유지하는 데 도움이 되었습니다.[24]

1610년대에는 로버트 파커Robert Parker, 헨리 제이콥Henry Jacob, 그리고 시 소재 대학의 신학 교수가 된 윌리엄 에임스William Ames 등 저명한 청교도 지도자 여럿이 라이덴으로 이주했습니다. 이들은 성도 사이의 상호 언약을 통해 자발적으로 형성된 자치적인 지역 회중교회 체제를 표방하였습니다. 이들은 분리파 교회 정체를 채택하면서도 국교의 교구 회중 또한 진정한 교회일 수 있다고 인정하며 중립적인 입장에 섰습니다. 헨리 제이콥은 교회에 대해 간결하게 정의 내렸습니다. "가시적이고 목양이 이루어지는 참된 그리스도의 교회는 신실한 이들의 모임이다. 이는 자발적인 협의를 통해 실재하는 영적인 집단 혹은 공동체의 모습으로 형성되었다. 보통은 한데 모여 신약을 통해 그리스도께 배우고, 교회 정체를 꾸리며 하나님이 명하신 다른 영적인 명령들그리스도가 직접 수여하신 구원의 수단들을 수행할 힘을 가진다."[25] 왕이나 주교의 처분을 기다릴

---

24 Polly Ha, *English Presbyterianism, 1590-1640* (Stanford: Stanford University Press, 2010).
25 Henry Jacob, *The True Beginning and Institution of Christ's True Visible or Ministeriall Church* (1610), R. Tudur Jones (ed.), *Protestant Nonconformist Texts, vol. I: 1550-1700* (Farnham: Ashgate, 2007), 115 에서 재인용.

필요가 없었습니다. 믿는 이들은 자신들이 알아서 더 고귀한 정치적/교회적 권위를 지닌 자신들의 교회를 이룰 수 있었습니다.

제이콥은 이 이론을 실천에 옮겼습니다. 잉글랜드로 돌아와 1616년에 사우스워크Southwark에 회중교회를 설립했습니다. 이 교회는 분리주의 교회들과 청교도 교구들이 연합한 교회였습니다. 이는 믿는 이들에게 새로운 선택지가 생겼다는 뜻이었습니다. 이것은 "분리주의자들과 국교 사이에 있는 회중주의라는 평화로운 세 번째 길"이었습니다.[26] 회중주의는 1630년대에 뉴잉글랜드 방식이 됩니다. 즉 이는 아직 회중주의가 올리버 크롬웰Oliver Cromwell의 비호와 존 오웬John Owen의 저작을 통해 1640년대와 1650년대에 걸쳐 잉글랜드 전역을 휩쓸기 전 일입니다.

1610년대에는 분리주의자들 사이에 중대한 발전도 있었습니다. 분리주의자들은 잉글랜드 교회가 그릇된 교회이며 교황이라는 우상으로 더럽혀진 바빌론을 잇는 적그리스도라고 규탄하며 매우 강경하게 반대했습니다. 1590년대 이후 암스테르담은 프란시스 존슨Francis Johnson이 이끄는 분리주의 회중의 본거지가 되었습니다. 이 '고대 교회'Ancient Church는 내부 문제들로 시끄러웠습니다. 다니엘 스터들리Daniel Studley가 휘말린 성추문이나 목회자 아내인 토머신 존슨Thomasine Johnson의 화려한 복장으로 인한 논란 등이 있었던 것이지요.[27] 존슨은 헨리 에인스워스Henry Ainsworth와 함

---

26 Michael Winship, *Godly Republicanism: Puritans, Pilgrims and A City on a Hill* (Cambridge, MA: Harvard University Press, 2012), 100. 제이콥의 지적인 독창성이나 그가 좀더 보수적인 청교도들과 나눈 토론에 대해서는 다음 자료 참고. Polly Ha, ed., *The Puritans on Independence: The First Examination, Defence, and Second Examination* (Oxford: Oxford University Press, 2017).
27 Martha Finch, "'Fashions of Worldly Dames": Separatist Discourses

께 회중을 이끌었습니다. 에인스워스는 잉글랜드의 뛰어난 성경 주석가였으며, 친분 있는 유대인들을 통해 랍비 전통을 익히고 있었습니다. 그러나 이 둘은 결국 갈라지게 됩니다. 존슨이 회중 일부와 엠든Emden으로 가고, 에인스워스가 나머지 회중과 함께 암스테르담에 남은 것입니다. 교회사에서는 흔한 일입니다만, 분리주의자들은 서로 갈라지며 끝을 맺고는 합니다.

1608년에는 또 다른 분리주의자 무리가 당국의 핍박을 피해 이스트미들랜즈East Midlands에서 암스테르담으로 옮겨옵니다. 존 스마이스John Smyth는 부유한 평신도인 토마스 헬위스Thomas Helwys의 후원으로 게인즈버러Gainsborough에 분리주의 교회를 세웁니다. 그동안 존 로빈슨John Robinson이 노팅엄셔 스크루비Scrooby, Nottinghamshire에 회중을 하나 이룹니다. 이 회중은 체신 공사 총재직을 맡은 윌리엄 브루스터William Brewster가 머무르던 요크 대주교 소유 저택에서 모였습니다. 분리주의로 핍박을 받게 된 이 비국교도들은 해외로 나갈 수 있는 허가증을 발급받을 수 없었습니다. 그러자 이들은 네덜란드행 배의 선장에게 엄청난 비용을 지불하며 '불법' 이주를 감행합니다.

여기서 두 회중이 갈라집니다. 스마이스는 분리주의를 극단으로 몰고 갑니다.[28] 무엇보다 그는 유아 세례에 의구심을 가집니다. 여기서 또 다른 요소가 작용합니다. 그는 잉글랜드 국가 교회를 거짓 교회로 규탄했고, 이에 따라 개혁교회를 멀리하며 지속적인 개혁을

---

of Dress in Early Modern London, Amsterdam and Plymouth Colony', *Church History*, 74 (2005).
28 다음 자료 참고. James Coggins, *John Smyth's Congregation: English Separatism, Mennonite Influence and the Elect Nation* (Waterloo ONT: Herald Press, 1993).

준비하고 있었습니다. 이를테면, 그는 예정에 대한 정통 개혁주의의 가르침을 거부하려 했습니다. 이것이 그가 아나뱁티스 입장으로 전환하며 칼빈주의에 대해 가진 반대 입장 중 하나입니다. 이는 한편으로 네덜란드 아르미니우스주의자들 입장에 선 것이기도 합니다. **더하여 스마이스는 다른 분리주의자들처럼 급진적인 원시주의자였습니다.** 즉 이러저러한 변화가 있기 이전인 1세기 사도적 교회라는 근원으로 돌아가고자 한 것입니다. 랜슬롯 앤드류스Lancelot Andrewes라면 하나의 정경과 두 언약, 세 가지 신조, 네 가지 공의회, 그리고 다섯 세기를 국교도들에게 가르쳤을 것입니다. 그러나 스마이스에게 **오직 성경**sola scriptura이란 교부들 해석에 의존하지 않고 사도들의 가르침 위에 신학을 구축하는 것을 의미했습니다. 신약 성경이 유아 세례를 명시적으로 가르치지 않기 때문에, 이 예식은 교황제에서 기인한 타락으로 보였습니다. 동시에 스마이스는 옛 언약 속의 유아 할례가 새 언약 아래서 유아 세례의 근거가 된다는 주장을 부인하며 구약과 신약의 불연속성을 강하게 주장하였습니다. 그에게 유아 세례와 국가 교회는 유대화한 기독교의 전형적인 모습이었습니다. 대신 스마이스는 참교회란 신자들 간의 자발적인 언약으로 형성되는 것이라는 분리주의적 믿음을 강화했습니다. 그가 생각하기에 유아들은 믿거나 자발적으로 언약을 맺을 수 없으므로, 세례침례를 통해 교회 일원이 될 수 없다는 것이었습니다.

스마이스는 이 논리를 통해 신자의 침례세례 교리에 이르렀습니다. 첫째, 그는 자신에게 관수례를 베푼 후 추종자들에게도 그리했습니다. 이후 그는 스스로 베푼 침례세례의 정당성에 의구심을 가졌고, 네덜란드 아나뱁티스트 메노나이트의 분파인 워터랜드파Waterlanders에 들어가려 했습니다. 이 일로 인해 일단의 무리와 잉글랜드에 첫 번째 침례교회를 세우려고 스피탈필즈Spitalfields로 돌아간 헬위스와 갈라서게 됩니다. 1612년에 헬위스는 **불법의 비밀**The Mystery of Iniquity이라는 책을 출간했습니다. 여기서 그는 잉글랜드 국가 교회를 두 번째 적그리스도로 규정했습니다. 국가 교회는 박해 등을 통해 그 사실을 여실히 드러내고 있었습니다. 이 해에 스미스필드Smithfield와 리치필드Lichfield에서 각각 반삼위일체파 인사를 이단으로 처형한 일 또한 우연이 아니었을 것입니다.

헬위스는 이것이 잉글랜드 역사에서 마지막 이단 처형이 될지 몰랐을 것입니다. 그러나 후에 역사가들은 이 작품을 종교 자유를 가질 권리에 대해 영어로 쓴 **최초**의 진술로 보았습니다. 그가 주장하기를, 하나님만이 양심의 주인이시고 "하나님에 대한 인간의 신앙은 하나님과 각 개인 간 일입니다." 한 개인은 자신의 창조주에게 직접 응답할 수 있으며, 따라서 "각자 종교를 선택할" 수 있는 "종교의 자유"를 누려야 하는 것입니다. "그들이 이교도, 터키인, 유대인, 혹은 그 누가 되었든 내버려두십시오. 이 땅의 권세는 그들을 벌할 수 없습니다."[29] 그는 자기 논문에 첨언지금도 남아 있는하여 제임스 1세에게 보냈습니다. 그가 말하길 "왕은 … 유한한 인간이지 하나님이 아니므로 자국민의 영혼에 대한 법과 조례를 제정하거나 그들을 대신해 영혼의 주인을 지정해 줄 수 없습니다."

존 로빈슨John Robinson은 헬위스보다는 덜 엄격했습니다. 플리머스 정착자들 중 하나가 이르기를 "분리와 분열보다 … 그에게 증오

---

29 Thomas Helwys, *A Short Declaration of the Mistery of Iniquity* (1612), 46, 69; Helwys, *Objections Answered by Way of a Dialogue* (1615), 30. 다음 자료 참고. Robert Louis Wilken, *Liberty in the Things of God: The Christian Origins of Religious Freedom* (New Haven: Yale University Press, 2019), 181.

스러운 것은 없었습니다."[30] 자기 회중과 함께 라이덴으로 옮겨갔을 때 그는 윌리엄 에임스와 가까운 관계를 맺었고, 네덜란드 개혁교회나 라이덴대학교 그가 아르미니우스주의에 대하여 반대 입장을 가르친 와 좋은 관계를 형성했습니다. 비록 잉글랜드 교회가 로마 가톨릭적 예전을 고수했기에 여전히 '바빌론'이지만, 분리주의자들이 공예배까지는 아니더라도 국교회 성도들과 사적인 기도 모임은 함께 할 수 있다고 로빈슨은 주장했습니다. 법과 조례들이 문제가 되었으나 그것들이 '신앙과 경건 생활'의 중심은 아니었습니다. 사람들은 잉글랜드의 우상적인 국교회 교구 모임과 그 속에 있는 경건한 교인들을, 혹은 부패한 국가 교회의 '규칙, 조례, 기관들'과 그 교회의 교리를 구별해 내야 했습니다. 로빈슨이 기록하기를 "수많은 훌륭한 진리를 가르친 세상의 어떤 교회도 … 지금의 잉글랜드 교회만큼 사람과 사건으로 인해 혼란스럽고 영적으로 매인 적이 없습니다." 그러나 잉글랜드 교회는 "위대한 열매", 즉 "개인적으로 은총"을 받은 여러 성도들과 "여러 순교자들"을 키워 냈고, "바다 건너편에 있는 다른 개혁 교회들에게" 인정받았습니다.[31] 로빈슨의 그 유명한 말, 곧 "주께서 자기 말씀을 통해 발하실 빛이 아직 남아 있다"는 지속적인 개혁의 필요성과 겸손의 표현 두 가지 모두를 담은 것이었습니다.

분리주의자들은 라이덴에서 종교 관용을 누리고 있었지만 만족스럽지 못했습니다. 이들은 경제적인 어려움과 문화적 혼란을 겪고 있었습니다. 이들은 자녀들이 네덜란드화할까 걱정스러웠고 스페인과 네덜란드 공국 사이에 새로운 전쟁이 일어날까 두려웠습니

---

30   Philbrick, *Mayflower*, 30.
31   John Robinson, *Of Religious Communion, Public and Private* (1614), in Jones (ed.), *Protestant Nonconformist Texts*, vol. I, 118-24.

다. 이 추진요인 위에는 유인요인이 있었습니다. 즉 그들에게는 신세계에 대한 애타는 열망이 있었던 것입니다. 버지니아의 잉글랜드 식민지는 힘든 시기를 지나 자립하게 되었고, 식민지에 대한 감독이 유명무실할 뿐인 런던 주교에게서 약 4,828km 떨어진 이곳 아메리카의 잉글랜드 식민지에서는 예배의 자유가 부여될 참이었습니다.

이것이 이 망명한 잉글랜드 분리주의자들이 또 다른 이주를 계획하게 된 계기였습니다. 이미 이들이 누리고 있던 어떤 것, 즉 종교의 자유를 찾기 위해서가 아니라 바다 건너에 경건한 잉글랜드 공동체를 세우기 위해서였습니다. 그러나 이 꿈을 실현하기 위해 이들은 타협을 해야 했습니다. 그 땅에서 살아남기 위해 이방인 기술자들과 함께해야 했던 것입니다. 그리고 이들은 아메리카에서 토착민들과 협상을 결국은 싸웠지만 해야 했습니다. 누가 보아도 잉글랜드 교회 예배보다 훨씬 우상숭배적인 종교를 가진 이들과 말입니다.

메이플라워호 이야기는 보통 영웅적인 서사로 접할 수 있습니다. 실제로 거기에는 그런 요소들이 있습니다. 자신을 비롯한 가족이 대서양 건너로 이주하고 아메리카라는 '광야'에서 공동체를 일구는 데는 진정한 용기가 필요했습니다. 그러나 나중에 잉글랜드 국교에서 벗어난 많은 망명자들처럼, 필그림들은 남의 떡이 더 크지만은 않다는 것을 알게 되었습니다.[32]

---

[32] 정착민들이 겪은 시련에 대해서는 다음 참고. John Turner, *They Knew they were Pilgrims: Plymouth Colony and the Contest for American Liberty* (New Haven: Yale University Press, 2020).

잉글랜드 그리고 네덜란드 교회 역사에서 이 한 세기가 얼마나 중요했는지 강조하면서 결론을 내려 보겠습니다. 1611년에는 이후 3세기 반 동안 쓰이게 될 영어권 개신교 성경 번역인 흠정역이 발간되었습니다. 또한 이때 잉글랜드 침례교회가 탄생했고, 더불어 정통이든 이단이든, 그리스도인이든 비그리스도인이든 상관 없이 모든 신앙에 적용되는 원리인 종교의 자유에 대한 명확한 표현이 처음 등장했습니다. 17세기 중반에는 헨리 제이콥이 잉글랜드 첫 번째 회중교회를 설립했습니다. 국교회 교구에 대해 평화적인 입장을 가진 초창기 자치 회중교회를 개척한 것입니다. 이때 밝은 미래를 지닌 '독립파' 교회론이 있었습니다. 네덜란드 교회에서는 '칼빈주의자들'과 '아르미니우스주의자들' 사이에 있을 긴 전쟁의 시작인 항론파 논쟁이 시작되고 있었습니다. 마지막이지만 중요한 사실이 하나 있습니다. 곧 잉글랜드 분리주의자들이 플리머스에 아메리카 첫 번째 신자 공동체를 세움으로써 청교도들의 뉴잉글랜드New England를 세운 것입니다. 비록 버지니아가 이에 앞서고 곧이어 메사추세츠에 의해 가려지게 되었지만, 이 시기에 대한 19세기 후반 미국인들의 지배적인 인식은 플리머스와 관련한 것입니다. 1620년의 메이플라워호 항해나 1621년의 소위 '첫 번째 추수감사절'은 모두 현대 미국 건국 신화의 일부가 됩니다.

그러나 이 모든 것은 미래에 있을 일입니다. 1620년에 침례교인들, 회중주의자들, 메이플라워호에 탄 분리주의자들은 무시할 만한 존재였습니다. 이들은 작은 집단을 이루었고, 잉글랜드에서보다는 망명하면서 더욱 눈에 띄게 되었습니다. 400만 남짓 되는 인구

중 몇천 명만이 국교를 떠나 비국교 개신교 회중을 형성했습니다. 공식적으로 분리하여 잉글랜드 교회를 떠난 이들도 있었으나, 사실상 망명을 통해 떠난 이들이 더 많았습니다. 그러나 국가 교회를 떠난다는 것은 청교도들에게도 극히 드문 일이었습니다. 신자들 대다수가 국가 교회에 충실하게 남아 있었고, 왕정 복고가 있을 때까지, 그리고 장로교도들의 경우 1688-89년 명예혁명 때까지 투쟁을 지속했습니다.

주목할 만한 것은, 분파들조차 국가 교회 안에서 그리고 케임브리지 대학교 신학부에서 훈련받은 사람들이 이끌었다는 점입니다. 프란시스 존슨과 존 스마이스는 크라이스트 칼리지Christ's College 소속이었으며; 존 로빈슨은 코퍼스크리스티 칼리지Corpus Christi; 헨리 에인스워스는 세인트존스와 카이우스St John's, Caius 칼리지에서 공부했습니다. 그런데 그것이 국가 교회에 문제가 되어 버린 것입니다. 분리주의 지도자들은 교육 받지 않은 서민들이 아니었습니다. 국교의 맹렬한 비평가들은 내부, 즉 식자층에서 나왔습니다. 찰스 1세와 로드 대주교는 통일된 체제를 강화하고 청교도 비국교도들을 탄압할 방도를 찾았습니다. 이것이 이후 청교도 혁명으로 번지게 될 저항을 유발합니다. 길게 보면 결국 잉글랜드 개신교는 국교와 비국교로 나뉘게 됩니다.